1 POT ZOODLES

Nudeln aus Gemüse

CREATISSIMO

20 Gerichte mit dem Spiralschneider

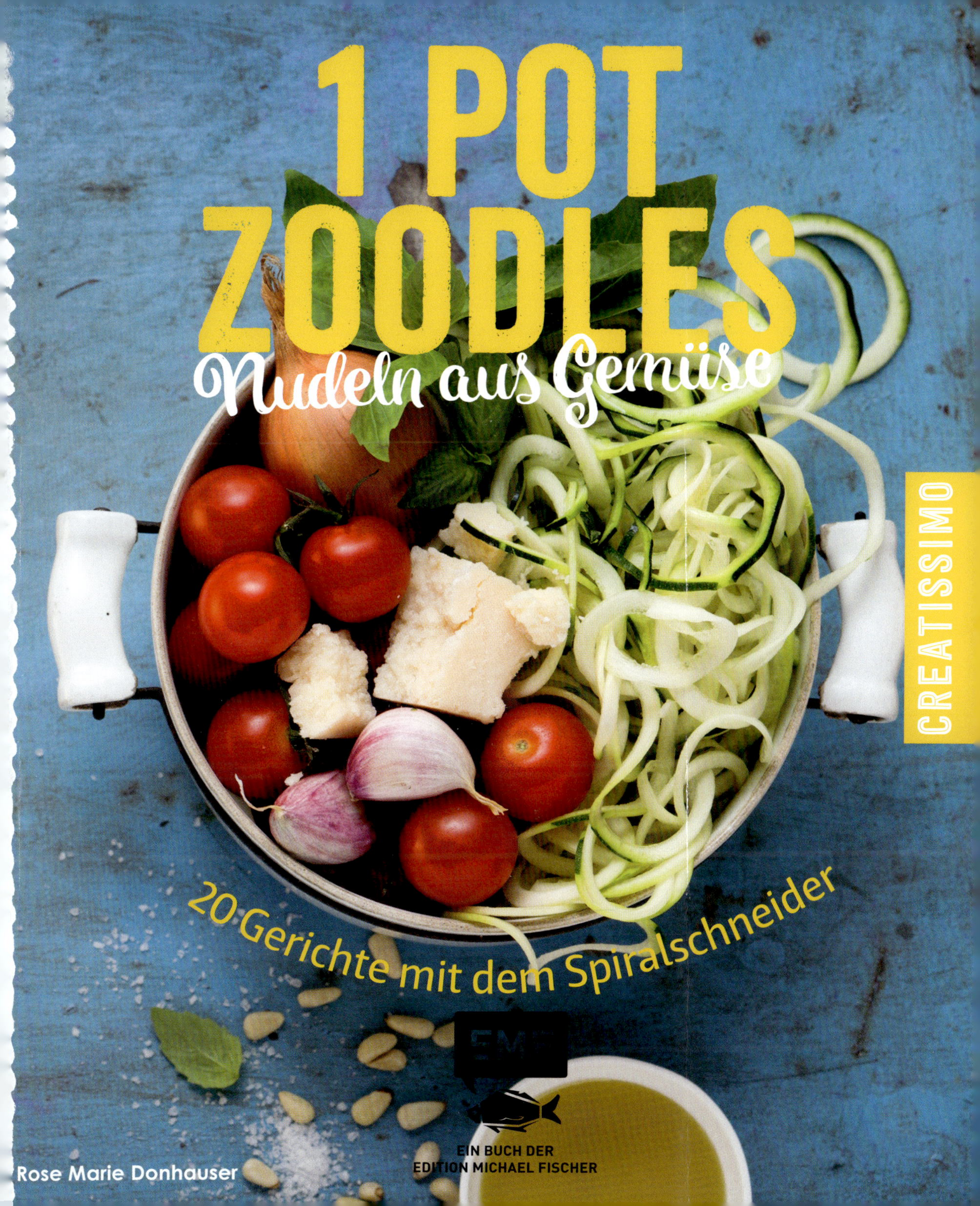

Rose Marie Donhauser

EIN BUCH DER
EDITION MICHAEL FISCHER

IMPRESSUM

Bibliografische Information der Deutschen Bibliothek.

Die Deutsche Bibliothek verzeichnet diese Publikation in der deutschen Nationalbibliografie.

Detaillierte bibliografische Daten sind im Internet über http://www.d-nb.de/ abrufbar.

Die im Buch veröffentlichten Aussagen und Ratschläge wurden von Verfasserin und Verlag sorgfältig erarbeitet und geprüft. Eine Garantie für das Gelingen kann jedoch nicht übernommen werden, ebenso ist die Haftung der Verfasserin bzw. des Verlags und seiner Beauftragten für Personen-, Sach- und Vermögensschäden ausgeschlossen.

Die in diesem Buch enthaltenen Informationen, Anregungen und Ratschläge stellen die Meinung und Erfahrung der Autorin dar, basierend auf dem aktuellen Stand wissenschaftlicher Erkenntnisse. Sie wurden von der Verfasserin nach bestem Wissen und mit größter Sorgfalt recherchiert. Dennoch erfolgen alle Angaben ohne Gewähr und es kann keine Garantie übernommen werden. Das Buch kann eine persönliche Beratung oder kompetenten medizinischen Rat nicht ersetzen. Weder Autorin noch Verlag können für eventuelle Schäden oder Nachteile, die sich aus den im Buch enthaltenen Hinweisen ergeben, eine Haftung übernehmen. Jeder Leser und jede Leserin ist nach wie vor für das eigene Tun selbst verantwortlich.

EIN BUCH DER EDITION MICHAEL FISCHER

1. Auflage 2017

Layout, Satz und Cover: Fabio Schaffer
Redaktion und Lektorat: Natascha Mössbauer
Fotos: Eising Studio, München
Food-Styling: Alissa Poller, München

ISBN 978-3-86355-671-6

Printed in Slovakia

www.emf-verlag.de

Inhalt

1 POT ZOODLES
alles in einem Topf

Einfach wunderbar und creatissimo: Alles kommt in einen Topf oder auch mal in einen Wok oder eine große Pfanne. Hauptsache: One Pot.

Das Buch ist die Weiterentwicklung oder auch eine Variante des One-Pot-Pasta-Trends, für den Pasta aus Teig verwendet wird. In diesem Buch kommen Spaghetti ohne Mehl zum Einsatz. Bestimmt eine gute Nachricht für Gluten-Allergiker, Gemüsefans und eine zusätzliche Bereicherung für den Low-Carb-Speisezettel.

Dieses Buch befasst sich mit Zoodles, die in einem Topf mit internationalen Aromen und Zutaten immer wieder Abwechslung auf den Tisch bringen. 20 kreative Rezepte für zwei bis drei Portionen, die beim Schmökern bereits Appetit schüren, stehen zur Auswahl. Und es heißt doch immer, dass auch das Auge mitisst – das ist bei diesen leckeren Gerichten dank der bunten Optik und kreativen Präsentation auf alle Fälle gegeben.

Dann heißt es nur noch, ein Rezept aussuchen – für jeden Geschmack ist etwas dabei – und den Spiralschneider sowie einen Pot bereitstellen.

Gutes Gelingen und guten Appetit – und viel Freude mit dem Büchlein.

Rose Marie Donhauser

EINFACH *inspiralisiert*

„Zoodles" sind in Spaghettiform geschnittene Zucchini (auch Zucchetti). Karotten werden zu „Coodles" und Gurken zu „Goodles". „Zoodles" wird allerdings auch als Oberbegriff für bunt gemischte Gemüse-Spaghetti verwendet.

Zum Schneiden dieser Gemüsespiralen wird ein Spiralschneider benötigt, der wie ein großer Anspitzer mit zwei Aufsätzen aussieht. Für feinere Spiralen wird die kleinere Klinge (2 x 3 mm) und für feste breitere Spiralen die größere Klinge (3,5 x 5 mm) verwendet. Innerhalb kürzester Zeit hat man mit diesem preislich günstigen Spiralschneider schnell den Dreh heraus. Alle härteren, länglichen Gemüsesorten, ob Zucchini, Möhren, Salatgurken oder auch Rettich, sind für diesen Spiralschneider geeignet.

Zur Auswahl steht zudem ein Spiralschneider mit Kurbel. Dieser kostet preislich zwar das Doppelte, leistet aber auch doppelt so viel. So können zusätzlich Spiralen von rundlichen Gemüsesorten wie Roter Bete, Zwiebeln, Kartoffeln, Kohlrabi und Paprikaschoten geschnitten werden. Diese schneidet man einfach in bis zu einer Höhe von etwa 8 cm zurecht, spannt sie in das Gerät ein und mit leichtem Druck sowie gleichzeitigem Kurbeln fallen die Spiralen dann in den dazugehörigen Auffangbecher. Es können zudem vier verschiedene Schnittbreiten eingestellt werden.

Für die Rezepte in diesem Buch reicht jedoch der einfache Spiralschneider aus. Denn wer sich nicht sicher ist, ob sich die Investition für einen Spiralschneider lohnt, kann das Gemüse auch mit einem Sparschäler in Streifen ziehen. Optisch nicht so schön, aber eine Alternative.

Die Zubereitungs- und Garzeiten sowie die Fertigstellung der One-Pot-Gerichte bewegen sich zwischen 20 und 30 Minuten. Die Zoodles selbst benötigen je nach gewünschter Bissfestigkeit bzw. persönlichem Geschmack zwischen 3 und 8 Minuten – einfach ausprobieren.

Die Beliebtheit der Zoodles besteht nicht nur aus den hübsch geschnittenen „Gemüse-Spaghetti", sondern sie begeistern auch alle „Low Carb Fans". Die Kohlenhydrate der Teig-Spaghetti fallen weg. Auch die Kalorien reduzieren sich, 100 g rohe Teig-Spaghetti entsprechen etwa 350 Kilokalorien, 100 g Zucchini-Spaghetti haben nur ca. 17 Kilokalorien.

TIPP

Die Rezepte sind zusätzlich mit Symbolen gekennzeichnet. Vegetarische Rezepte, ohne Fisch und Fleisch – und vegane Rezepte gänzlich ohne Tier und –produkte.

VEGETARISCH

TIPP

Dieser Topf ist beliebig variierbar. Einfach anstatt Ingwer 1 gewürfelte Frühlingszwiebel und anstatt Möhren Zucchini verwenden.

MÖHRENSPIRALEN *im Kürbistopf*

Für 2 Portionen

Zubereitungszeit: 35 Minuten

250 g Kürbis (z. B. Hokkaido)

1 Stück Ingwer (etwa 3 cm)

2 Schalotten

1 festkochende Kartoffel (etwa 100 g)

750 ml Gemüsebrühe

Salz

1 kleines Bund Koriander

250 g Möhren

schwarzer Pfeffer aus der Mühle

1 TL Tamari (Sojasauce)

2 EL Mascarpone

Nach Belieben:

1 EL geröstete Kürbiskerne

1 Prise gemahlene Kurkuma

1 Prise Cayennepfeffer

Gesund, vitaminreich und schnell, so soll eine leckere Mahlzeit aus einem Topf schmecken. Nach Belieben noch mit gerösteten Kürbiskernen garnieren – und dann auf den One-Pot, fertig, los!

1. Den Kürbis waschen, nicht schälen, entkernen und in kleine Stücke schneiden. Ingwer und Schalotten schälen und fein würfeln. Die Kartoffel waschen, schälen und passend zum Kürbis schneiden.
2. Die vorbereiteten Zutaten mit Gemüsebrühe sowie mit etwas Salz in einem Topf verrühren. Nach dem ersten Aufkochen die Hitze reduzieren, den Topf mit einem Deckel verschließen und das Ganze etwa 12 Minuten leise kochen lassen. Zwischendurch ein- bis zweimal umrühren.
3. In der Zwischenzeit den Koriander waschen, trocken schütteln, die Blättchen abzupfen und fein hacken. Die Möhren waschen, schälen und mit dem Spiralschneider zu Spaghetti schneiden. Zusammen mit Koriander, Pfeffer und Tamari vermengen.
4. Den Kürbistopf mit einem Stabmixer grob bis mittelfein pürieren und abschmecken. Die Coodles einrühren und 3–4 Minuten garen lassen. Kurz vor dem Servieren die Mascarpone einrühren, nochmals abschmecken und nach Belieben mit gerösteten Kürbiskernen garnieren und mit Kurkuma sowie mit Cayennepfeffer bestäuben.

POLENTA-TOPF mit Zoodles

Für 2 Portionen

Zubereitungszeit: 30 Minuten

1 EL Butter

50 g feiner Maisgrieß (Polenta)

100 ml Weißwein (oder Gemüsebrühe)

500 ml Gemüsebrühe

1 rote Paprikaschote

1 Stange Sellerie

Salz

schwarzer Pfeffer aus der Mühle

1 Prise Cayennepfeffer

500 g Zucchini

½ kleines Bund Petersilie

Saft von ½ Zitrone

1 EL Olivenöl

Bei diesem Rezept wird die Polenta kurz angeröstet, um einen kernigen Geschmack zu bekommen. Erst dann wird alles in den Topf dazugerührt, einige Minuten warten – fertig.

1. Die Butter in einem Topf erhitzen, den Maisgrieß einrieseln lassen und unter Rühren 1–2 Minuten rösten. Mit Weißwein ablöschen und mit Gemüsebrühe aufgießen. Bei kleiner Hitze und öfterem Umrühren 8–10 Minuten garen.
2. Die Paprikaschote waschen, vierteln, entkernen und in kleine Würfel schneiden. Den Sellerie putzen, waschen und passend dazu schneiden. Beides in den Topf rühren und alles mit Salz, Pfeffer und Cayennepfeffer würzen.
3. Die Zucchini waschen und im Spiralschneider zu Zoodles schneiden. Die Petersilie waschen, trocken schütteln, die Blättchen abzupfen und fein hacken. Zusammen mit den Zucchinispiralen, Zitronensaft und Olivenöl vermengen.
4. Die Zucchinimischung in den Topf geben und in 3–4 Minuten bissfest garen. Nochmals abschmecken und servieren.

VEGETARISCH

TIPP

Für die Extraportion Superfoods: Einfach 1 Esslöffel Hanfsamen oder 1 Teelöffel Chiasamen darüberstreuen. Nach Belieben noch 50 g Gemüsemais im Topf hinzufügen.

TIPP

Für Veganer: Das Hackfleisch mit gewürfeltem Räuchertofu tauschen. Anstatt mit Zimt und Rosmarin, leicht mit Kurkuma und Koriander würzen.

ZOODLE-WOK
mit Zimt-Lammhack

Für 2 Portionen

Zubereitungszeit: 30 Minuten

2 Knoblauchzehen

1 kleine Zwiebel

2 EL Olivenöl

200 g Lammhackfleisch

1 kräftige Prise Zimt

Salz

schwarzer Pfeffer aus der Mühle

1 Prise Chilipulver

¼ TL getrockneter Rosmarin

200 g gewürfelte Tomaten im Saft (Tetra-Pak)

300 g Zucchini

½ Bio-Zitrone

½ TL getrockneter Thymian

InSPIRALisiert von den pfiffigen Spiralschneidern, entstehen immer wieder neue Gerichte mit viel Abwechslung. So wie hier: Lammhackfleisch mit Kräutern – würzig und frisch im Geschmack.

1. Die Knoblauchzehen und die Zwiebel schälen und fein würfeln. In einem Wok oder in einem entsprechenden Topf das Olivenöl erhitzen. Das Lammhackfleisch mit Knoblauch- und Zwiebelwürfeln darin einige Minuten braten. Mit Zimt, Salz, Pfeffer, Chilipulver und Rosmarin würzen.
2. Die gewürfelten Tomaten mit Saft hinzufügen und alles bei niedriger Hitze etwa 5 Minuten garen. Eventuell 2–3 Esslöffel Wasser hinzufügen. Inzwischen die Zucchini waschen und mit dem Spiralschneider zu Spiralen schneiden.
3. Die Zitrone waschen und mit Küchenpapier fest trocken reiben. Von der Zitronenhälfte die Schale fein abreiben und das Fruchtfleisch auspressen. Beides mit den Zucchinispiralen sowie dem Thymian vermengen und in den Wok geben. Je nach gewünschter Bissfestigkeit 3–5 Minuten garen und dabei alles gut vermischen. Nochmals abschmecken und servieren.

MISO-TOPF *mit Gemüse*

Für 2 Portionen

Zubereitungszeit: 25 Minuten

2 Knoblauchzehen

1 kleine Zwiebel

1 Stück Ingwer (2–3 cm)

100 g Egerlinge (oder frische Shiitakepilze)

2 EL Pflanzenöl

2 EL Tamari (Sojasauce)

1 TL Sesamöl

1 Möhre (etwa 150 g)

1 kleine Zucchini (etwa 150 g)

2 EL helle Misopaste

1 EL gehackter Koriander

Aromatisch-asiatisch und erfrischend gut. Mit vielen, in Spiralen geschnittenen Gemüsesorten variierbar.

1. Knoblauchzehen, Zwiebel und Ingwer schälen und fein würfeln. Die Pilze putzen und feinblättrig schneiden.
2. In einem Topf Pflanzenöl erhitzen und darin Knoblauch-, Zwiebel- und Ingwerwürfel 1–2 Minuten braten. Mit 500 ml Wasser aufgießen und aufkochen lassen. Die Hitze reduzieren und Pilze, Sojasauce und Sesamöl einrühren. Den Topf mit einem Deckel verschließen und alles bei kleiner Hitze 10 Minuten leise ziehen lassen.
3. Möhre und Zucchini waschen, schälen, mit dem Spiralschneider in Spiralen schneiden und in den Topf geben. Die Misopaste mit einer Kelle Suppe verrühren und in die Suppe rühren. Nicht mehr kochen, nur noch 1–2 Minuten ziehen lassen. Zum Servieren mit Koriander garnieren.

TIPP

Zusätzlich in Streifen geschnittenen Pak Choi und frische Sojakeimlinge 2–3 Minuten mitgaren lassen.

VEGAN

TIPP

Für „echte" One-Pot-Pasta 100 g kleine Nudeln, z. B. Orecchiette, mitgaren. In die kochende Flüssigkeit geben und etwa 8 Minuten garen. Dann Lachs und Gurken hinzufügen.

LACHS-POT mit Gurken

Für 2 Portionen

Zubereitungszeit: 20 Minuten

250 g Lachsfilet ohne Haut

Saft von ½ Zitrone

Salz

grob geschroteter schwarzer Pfeffer

1 kleine Salatgurke

1 kleines Bund Dill

250 ml Gemüsebrühe

200 g Sahne (oder Gemüsebrühe)

1 TL Dijon-Senf

1 TL Honig

1 Msp. Chiliflocken

Diesen feinen „Lachstopf" mit frischem Grün garnieren. Dazu einfach etwas Rucola oder Babyspinat in Streifen schneiden und über die fertigen Teller oder Suppenschalen streuen.

1. Das Lachsfilet unter fließend kaltem Wasser waschen, mit Küchenpapier trocken tupfen und in 1–2 cm große Stücke schneiden. Mit Zitronensaft beträufeln und mit Salz und Pfeffer würzen.
2. Die Salatgurke waschen, schälen und quer halbieren. Die Gurkenhälften am besten mit einem Sparschäler in Streifen schneiden. Oder die ganze Salatgurke mit dem Spiralschneider in Spaghetti schneiden. Den Dill waschen, trocken schütteln, abzupfen und grob hacken.
3. Gemüsebrühe, Sahne, Dijon-Senf, Honig und Chiliflocken in einem Topf aufkochen. Die Hitze verringern und Lachsstücke sowie Gurkenstreifen einlegen. Bei kleiner Hitze etwa 5 Minuten ziehen lassen. Den Dill einrühren, alles nochmals abschmecken und servieren.

SPICY-GURKEN mit Kokos

Für 2 Portionen

Zubereitungszeit: 20 Minuten

1 große Salatgurke

2 Schalotten

4 Knoblauchzehen

1 kleine rote Chilischote (je nach Schärfe nur ½)

2 EL Erdnussöl

1 TL Shrimp-Paste (Trasi)

300 ml Kokosmilch (Dose)

Salz

grob geschroteter schwarzer Pfeffer

1 EL helle Sojasauce

Asiatisch angehaucht und leicht süß durch die Kokosmilch, um die Chilischärfe zu dämpfen. Zusätzlich mit etwas frisch gehacktem Koriandergrün und gebratenen Schalottenwürfeln „toppen".

1. Die Salatgurke waschen, schälen, quer halbieren und mit einem Sparschäler in lange Streifen schneiden. Oder mit dem Spiralschneider entsprechend in Spaghetti schneiden. Schalotten und Knoblauchzehen schälen und in Streifen schneiden. Die Chilischote putzen, Stiele und Kerne entfernen und in Streifen schneiden.
2. Das Erdnussöl im Wok erhitzen und darin Chili, Schalotten und Knoblauch unter Rühren braten. Mit Shrimp-Paste vermischen und mit Kokosmilch aufgießen. Einige Minuten leise kochen lassen und dabei mit Salz, Pfeffer und Sojasauce würzen. Zuletzt die Gurken-Spaghetti einlegen und nur noch ziehen lassen. Nochmals abschmecken und in zwei Schalen verteilen.

TIPP
Für die vegane Variante einfach die Shrimp-Paste weglassen.

LINSENTOPF mit rohen Zoodles

Für 2 Portionen

Zubereitungszeit: 25 Minuten

200 g rote Linsen

Salz

2 Schalotten

2 frische Minzezweige

1 Zucchini (gut 300 g)

schwarzer Pfeffer aus der Mühle

1 Prise Cayennepfeffer

1 EL Olivenöl

Saft von ¼ rosa Grapefruit (2 EL)

„One Pot", zwei Teller, und der Genuss ist garantiert! Ideal für alle, die lieber gut essen als abwaschen.

1. Die Linsen in einem Sieb waschen, abtropfen lassen und mit 400 ml Wasser und einer Prise Salz in einem Topf zum Kochen aufstellen. Die Schalotten schälen, in kleine Stücke schneiden und in das Wasser geben. Nach dem ersten Aufkochen die Linsen 12–15 Minuten leise kochen lassen.
2. Inzwischen die Minze waschen, trocken schütteln, von den Stielen zupfen und fein hacken. Die Zucchini waschen, Stielenden entfernen und mit dem Spiralschneider zu Spaghetti schneiden.
3. Sobald die Linsen weich sind, das übrige Kochwasser abgießen. Die Linsen im Topf mit Salz, Pfeffer und Cayennepfeffer würzen. Mit Olivenöl und Grapefruitsaft verrühren und mit dem Stabmixer grob bis mittelfein pürieren.
4. Das Linsengemüse auf zwei Teller breitflächig verteilen. Mit Zoodles belegen und mit Minze bestreuen. Nach Belieben mit Cayennepfeffer bestäuben.

VEGAN

TIPP

Möchte man die Zoodles nicht roh essen, das Linsengemüse nicht pürieren, fast keine Kochflüssigkeit abgießen und die Zoodles 3–4 Minuten mitgaren.

ZOODLE-TOPF *mediterran*

Für 2 Portionen

Zubereitungszeit:
25 Minuten

1 kleines Bund Basilikum

150 g süße aromatische Kirschtomaten

2 Knoblauchzehen

1 mittlere Zwiebel

500 g Zucchini

1 EL Olivenöl

Meersalz

schwarzer Pfeffer aus der Mühle

100 ml Gemüsebrühe

50 g frisch geriebener Parmesan

1 EL grob gehackte Pinienkerne

Frisch, vitaminreich, leicht, ohne Kohlenhydrate und noch dazu einfach herrlich sommerlich schmeckt dieses Gemüse-Gericht aus dem Topf.

1. Das Basilikum waschen, trocken schütteln, die Blättchen abzupfen und in Streifen schneiden. Die Kirschtomaten waschen und halbieren oder in Viertel schneiden.
2. Die Knoblauchzehen und die Zwiebel schälen und fein würfeln. Die Zucchini waschen, Stielenden entfernen und anschließend mit dem Spiralschneider in Spiralen schneiden.
3. Das Olivenöl im Topf erhitzen und die Knoblauch- und Zwiebelwürfel andünsten. Die Zucchinispiralen hinzufügen. Mit Meersalz und Pfeffer würzen.
4. Unter Rühren die Gemüsebrühe angießen und die Tomaten einrühren. Bei kleiner Hitze 5–8 Minuten schmoren lassen. Zuletzt abschmecken und das Basilikum unterrühren. Auf Teller oder Schalen verteilen und mit Parmesan und Pinienkernen bestreuen.

VEGETARISCH

TIPP

Nach Belieben zusätzlich 2 Knoblauchzehen pressen, mit 2 Esslöffel Olivenöl verrühren und über die fertigen Teller träufeln.

TIPP

Noch besser schmecken die Zoodles mit frisch gehackter Petersilie und grünen Erbsen. Das fertige Gericht mit grob gemahlenem schwarzen Pfeffer bestäuben.

ZOODLES Carbonara

Für 2 Portionen

Zubereitungszeit: 25 Minuten

1 mittlere Zwiebel

1 Knoblauchzehe

100 g magerer Räucherspeck (Frühstücksbacon)

500 g Zucchini

1 EL Olivenöl

150 ml Gemüsebrühe

Salz

schwarzer Pfeffer aus der Mühle

1 Ei

100 g Sahne

50 g fein geriebener Parmesan

Ein leckeres Rezept aus der klassischen italienischen Küche. Aber nicht mit Spaghetti aus Teig, sondern mit „Schnüren" – wie Spaghetti übersetzt heißen – erntefrisch aus Zucchini.

1. Die Zwiebel und die Knoblauchzehe schälen und fein hacken. Den Räucherspeck in feine Würfel schneiden. Die Zucchini waschen, Stielenden entfernen und mit dem Spiralschneider in Spaghetti schneiden oder mit dem Sparschäler in lange Streifen schneiden.
2. Das Olivenöl im Topf erhitzen und darin Zwiebel-, Knoblauch- und Speckwürfel braten. Mit Gemüsebrühe aufgießen und die Zucchinispiralen hinzufügen. Alles mit Salz und Peffer würzen und etwa 5 Minuten bei mittlerer Hitze garen.
3. Das Ei aufschlagen und mit Sahne sowie mit Parmesan vermischen. Die Zucchini probieren, ob sie den gewünschten Garzustand haben und dann die Sahnemischung untermengen. Nochmals abschmecken und servieren.

WÜRZIG-SCHARFE Chorizo-Zoodles

Für 2 Portionen

Zubereitungszeit: 25 Minuten

½ kleine rote Chilischote

2 Knoblauchzehen

1 mittlere rote Zwiebel

100 g Chorizowurst (scharfe spanische Wurst)

1 kleines Bund Schnittlauch

2 EL Pinienkerne

1 EL fein geriebener Manchego-Käse

5 EL Olivenöl

250 g Möhren

250 g Zucchini

200 ml Gemüsebrühe

Salz

schwarzer Pfeffer aus der Mühle

Die Schärfe ist je nach Belieben variierbar. Doch mit ein bisschen „Pfeffer" schmecken diese Möhren- und Zucchininudeln einfach hervorragend.

1. Die Chilischote waschen, entkernen und fein würfeln. Die Knoblauchzehen sowie die Zwiebel schälen und in kleine Würfel schneiden. Die Chorizowurst pellen und klein schneiden.
2. Den Schnittlauch waschen, trocken schütteln und in feine Röllchen schneiden. Die Pinienkerne fein hacken und zusammen mit dem Schnittlauch, dem Käse und 4 Esslöffel Olivenöl verrühren.
3. Das Gemüse waschen, die Möhren schälen und zusammen mit den Zucchini im Spiralschneider zu Spiralen schneiden. 1 Esslöffel Olivenöl im Topf erhitzen und darin Chili-, Knoblauch- und Zwiebelwürfel andünsten. Wurststücke hinzufügen, 1 Minute braten und mit Gemüsebrühe ablöschen.
4. Möhren- und Zucchinispiralen in den Topf geben und bei mittlerer Hitze 6–8 Minuten garen, je nach gewünschter Festigkeit. Nochmals mit Salz und Pfeffer abschmecken, den Topf vom Herd ziehen und die Schnittlauchmischung untermengen.

TIPP

Anstatt Schnittlauch Petersilie oder Basilikum verwenden. Anstelle von Chorizowurst oder Manchego-Käse einfach eine scharfe Dauerwurst und Parmesan verwenden.

TIPP

Je nach Geschmack und Ernährungsform kann zum Anbraten der Schalotten auch etwas gewürfelter Schinkenspeck und anstatt Sojacreme Sahne verwendet werden.

SÜSSKARTOFFELN mit Pilzcreme

Für 2 Portionen

Zubereitungszeit: 25 Minuten

1 große Süßkartoffel (etwa 300 g)

1 große Möhre

2 Schalotten

1 kleines Bund gemischte Kräuter

250 g gemischte Pilze (Champignons, Shiitake, Egerlinge)

1 EL Olivenöl

Salz

schwarzer Pfeffer aus der Mühle

50 ml trockener Weißwein (oder Gemüsebrühe)

150 ml Gemüsebrühe

100 g Sojacreme

1 Prise Currypulver

Hier ist ein größerer Spiralschneider mit Kurbel für die Süßkartoffel nötig – oder falls nicht vorrätig, diese mit einem Messer in schmale Streifen schneiden. Oder anstatt Süßkartoffel Möhren verwenden.

1. Die Süßkartoffel waschen, halbieren und so im Spiralschneider fixieren, dass sich schöne Spiralen schneiden lassen. Die Möhre schälen und ebenfalls in Spiralen schneiden. Die Schalotten schälen und anschließend fein würfeln.
2. Die Kräuter waschen, trocken schütteln, abzupfen und dann fein hacken. Die Pilze putzen, halbieren und größere Exemplare klein schneiden. Das Olivenöl im Topf erhitzen und darin die Schalottenwürfel kurz andünsten.
3. Die Pilze hinzufügen und so lange braten, bis der Pilzsaft aufgesogen ist. Alles mit Salz und Pfeffer würzen, mit Weißwein ablöschen und mit Gemüsebrühe begießen. Die Süßkartoffel- und Möhrenspiralen hinzufügen und bei mittlerer Hitze 8–10 Minuten garen.
4. Den Pilztopf abschmecken und mit Sojacreme verfeinern. Zuletzt die Kräuter einrühren. Auf Teller verteilen und leicht mit Currypulver bestäuben.

GRÜNKOHL-ZOODLES *mit Feta*

Für 2 Portionen

Zubereitungszeit:
30 Minuten

1 kleines Bund gemischte Kräuter

2 Knoblauchzehen

100 g Feta

2 EL Olivenöl

100 g Grünkohl Babyleaf

1 mittlere Zwiebel

1 gelbe Paprikaschote

300 g Zucchini

100 ml trockener Weißwein (oder Gemüsebrühe)

Salz

schwarzer Pfeffer aus der Mühle

Es gibt die Babyleaf-Version vom Grünkohl, die auch im Sommer, vor allem auf Märkten, erhältlich ist. Ein würziges Gemüse, das auch durch Pak Choi oder Spinat auszutauschen ist, falls nicht erhältlich.

1. Die Kräuter waschen, trocken schütteln, abzupfen und fein hacken. Die Knoblauchzehen schälen und durch eine Knoblauchpresse drücken. Den Feta zerkleinern und mit Kräutern, Knoblauch und Olivenöl verrühren.
2. Den Grünkohl waschen, eventuell dicke Blattrippen entfernen und in schmale Streifen schneiden. Die Zwiebel schälen und fein würfeln. Die Paprikaschote waschen, halbieren, entkernen und in etwa 1 cm große Würfel schneiden.
3. Die Zucchini waschen, Stielenden entfernen und mit dem Spiralschneider in Spiralen schneiden. Zusammen mit den Grünkohlstreifen, den Zwiebel- und Paprikawürfeln sowie dem Weißwein in einem Topf vermischen. Mit Salz und Pfeffer würzen und einmal aufkochen lassen.
4. Die Hitze verringern und das Gemüse in etwa 8 Minuten garen lassen. Kurz vor dem Ende der Garzeit die Käsemischung einrühren. Alles nochmals abschmecken und servieren.

TIPP

Zoodles brauchen weniger Wasser als normale Teigwaren: Beim Erhitzen der Zucchini tritt Wasser aus. Daher erst abwarten, ob noch Flüssigkeit im Topf gebraucht wird.

VEGAN

ORIENTALISCHE ZOODLES *mit Rosinen*

Für 2 Portionen

Zubereitungszeit: 25 Minuten

50 g Rosinen

Saft von ½ Orange (3 EL)

½ Granatapfel

1 mittlere Zwiebel

2 Knoblauchzehen

2 Frühlingszwiebeln

½ getrocknete Chilischote

250 g Möhren

250 g Zucchini

2 EL Olivenöl

je 1 kräftige Prise gemahlener Kreuzkümmel, Kardamom und Piment

100 ml Gemüsebrühe

Salz

schwarzer Pfeffer aus der Mühle

Ein Ausflug in die arabische Gewürzwelt mit Kreuzkümmel, Kardamom und Piment. Dazu die süßlichen Rosinen sowie der leicht säuerliche Geschmack der Granatäpfel. Ein schönes Gewürzbad für Möhren- und Zucchinispiralen.

1. Die Rosinen mit Orangensaft vermengen. Den Granatapfel in dicke Scheiben schneiden und von diesen über einer Schüssel die Kerne herausdrücken. Die Zwiebel und die Knoblauchzehen schälen und fein würfeln. Die Frühlingszwiebeln putzen, das Grün entfernen und klein würfeln.
2. Die Chilischote zerbröseln. Möhren und Zucchini waschen, die Möhren schälen. Von den Zucchini Stielenden entfernen und beide Gemüsesorten mit dem Spiralschneider in Spiralen schneiden. Das Olivenöl in einem Topf erhitzen und darin Knoblauch-, Zwiebel- und Frühlingszwiebeln sowie die Chilibrösel 1–2 Minuten braten. Mit Kreuzkümmel, Kardamom und Piment würzen.
3. Den Topfinhalt mit Gemüsebrühe ablöschen und die Zucchini- sowie die Möhrenspiralen einlegen. Mit Salz und Pfeffer würzen und in 8–10 Minuten garen. Zwischendurch umrühren.
4. Kurz vor Ende der Garzeit noch die Rosinen untermengen. Den Topf vom Herd ziehen, abschmecken und die Granatapfelkerne untermischen.

TIPP

Sollten Sie nur einen sanduhrförmigen Spiralschneider besitzen, können Sie Paprika und Kartoffel auch mit einem Messer in dünne Streifen schneiden.

MEERRETTICH-POT mit Fisch

Für 2 Portionen

Zubereitungszeit: 30 Minuten

200 g gehäutetes Fischfilet (Lachs, Schwert- oder Thunfisch)

Saft von ½ Zitrone

Salz

schwarzer Pfeffer aus der Mühle

1 kleine Zucchini (etwa 150 g)

1 mittlere Möhre

¼ frische Meerrettichwurzel

1 gelbe Paprikaschote

1 Kartoffel (etwa 150 g)

2 EL Pflanzenöl

1 EL Kräuterbutter

100 ml Gemüsebrühe

Für das Rezept ist nicht der kleine Spiralschneider, sondern der große Schneider mit Kurbel nötig, der kompakte Gemüsesorten wie Zwiebeln, Kartoffeln und Rote Bete in Streifen und Spiralen schneidet.

1. Das Fischfilet unter fließend kaltem Wasser waschen, mit Küchenpapier trocken tupfen und in kleine mundgerechte Stücke schneiden. Mit Zitronensaft beträufeln und mit Salz und Pfeffer würzen.
2. Das Gemüse waschen, Stielenden von der Zucchini entfernen. Möhre und Meerrettichwurzel schälen. Die Paprikaschote entkernen und die Kartoffel schälen. Die Gemüse nacheinander im Spiralschneider fixieren und nach Belieben in feine Streifen oder Spiralen schneiden.
3. Im Topf 1 Esslöffel Pflanzenöl erhitzen und die Fischstücke von allen Seiten 1–2 Minuten braten. Herausnehmen und auf einen Teller legen. Restliches Pflanzenöl zugießen und darin die Gemüsestreifen unter Rühren etwa 2 Minuten braten.
4. Den Topfinhalt mit Salz und Pfeffer würzen. Die Kräuterbutter hinzufügen und, sobald diese geschmolzen ist, alles mit Gemüsebrühe aufgießen. Das Gemüse 8–10 Minuten garen, bis die gewünschte Bissfestigkeit erreicht ist. Kurz vor dem Servieren die Fischstücke in den Topf geben und nur noch kurz erwärmen.

PUY-LINSEN *mit Kasseler*

Für 2 Portionen

Zubereitungszeit:
25 Minuten

1 kleine Zwiebel

1 Knoblauchzehe

1 EL Olivenöl

50 g Puy-Linsen

2 EL trockener Rotwein (oder Brühe)

150 ml heiße Fleisch- oder Gemüsebrühe

1 Lorbeerblatt

150 g Kasseler

1 TL scharfer Senf (oder Dijon-Senf)

Salz

schwarzer Pfeffer aus der Mühle

500 g Zucchini

Nach Belieben:

1 EL gehackte Petersilie

Klassisch, lecker und schnell in einem Topf zubereitet: Kasseler mit Linsen. Die Zoodles verleihen diesem Gericht die Extraportion Gemüse, Petersilie, Senf und Lorbeerblatt geben die richtige Würze.

1. Die Zwiebel und die Knoblauchzehe schälen und fein würfeln. In einem Topf das Olivenöl erhitzen und darin die Zwiebel- und Knoblauchwürfel 1 Minute braten.
2. Die Linsen einstreuen und nach kurzem Rühren mit Rotwein sowie mit Brühe aufgießen. Das Lorbeerblatt einlegen und die Linsen etwa 15 Minuten bei kleiner Hitze garen.
3. Inzwischen das Kasseler in dünne Streifen schneiden und in den Topf geben. Mit Senf, Salz und Pfeffer würzen. Die Zucchini waschen und mit dem Spiralschneider in Spaghetti schneiden.
4. Die Zucchinispaghetti in den Topf geben, alles vorsichtig durchmischen, nochmals abschmecken und je nach Bissfestigkeit etwa 8 Minuten garen. Auf zwei Teller verteilen und nach Belieben mit Petersilie garnieren.

TIPP

Für die vegane Variante: Einfach Honig mit Ahornsirup austauschen und vegane Erdnusscreme verwenden.

ERDNUSS-ZOODLES mit Coodles

Für 2 Portionen

Zubereitungszeit: 25 Minuten

1 Stück Ingwer (3 cm)

2 Knoblauchzehen

3 EL crunchy Erdnusscreme

1 EL Zitronensaft

2 EL Honig

4 EL Tamari (Sojasauce)

100 ml Gemüsebrühe

250 g Möhren

250 g Zucchini

1 kleines Bund Koriander

1 EL Pflanzenöl

Salz

schwarzer Pfeffer aus der Mühle

1 EL ungesalzene gehackte Erdnüsse

Asiatischer Touch mit nussigem Geschmack, so schmecken die Möhren (Coodles) und die Zucchini (Zoodles) aus dem One-Pot.

1. Den Ingwer sowie die Knoblauchzehen schälen. Den Ingwer fein reiben und den Knoblauch durch eine Knoblauchpresse drücken. Zusammen mit Erdnusscreme, Zitronensaft, Honig, Sojasauce und Gemüsebrühe verrühren.
2. Möhren und Zucchini waschen. Die Möhren schälen und die Stielenden von den Zucchini entfernen. Beide Gemüsesorten mit dem Spiralschneider in Spaghetti schneiden. Den Koriander waschen, trocken schütteln, die Blättchen abzupfen und anschließend fein hacken.
3. Das Pflanzenöl in einem Topf erhitzen und darin die Möhren- und Zucchinispiralen etwa 2 Minuten braten. Mit Salz und Pfeffer würzen. Die Erdnusssauce darübergießen, gut vermischen und 4–5 Minuten bei mittlerer Hitze garen. Kurz vor dem Servieren die Kräuter unterheben und mit Erdnüssen bestreuen.

HÄHNCHEN-ZOODLES
süß-sauer

Für 2 Portionen

Zubereitungszeit: 30 Minuten

300 g Hähnchenbrustfilet

1 EL helle Sojasauce

1 TL Maisstärke

1 Prise Chilipulver

2 Frühlingszwiebeln

200 g Möhren

200 g Zucchini

2 EL Pflanzenöl

1 EL Puderzucker

2 EL Reisessig

2 EL Reiswein (oder trockener Sherry)

Salz

schwarzer Pfeffer aus der Mühle

Nach Belieben:

50 g Ananasecken (Glas)

Die neutral schmeckenden Zoodles können viele Gewürze vertragen und werden so immer wieder zu raffinierten Gerichten.

1. Das Hähnchenbrustfilet in mundgerechte Stücke schneiden. Sojasauce mit Maisstärke und Chilipulver verrühren und mit den Fleischwürfeln mischen.
2. Die Frühlingszwiebeln putzen und grob würfeln. Möhren und Zucchini waschen. Möhren schälen, von den Zucchini die Stielenden entfernen. Beide Gemüse nacheinander im Spiralschneider zu Spaghetti schneiden.
3. Das Pflanzenöl in einem Topf oder Wok erhitzen und die Fleischwürfel mit den Frühlingszwiebeln rundherum anbraten. Gemüsespaghetti mit Puderzucker, Reisessig und Reiswein hinzufügen.
4. Den Topfinhalt vorsichtig mit Salz und Pfeffer würzen und bei mittlerer Hitze 6–8 Minuten garen. Nach Belieben die Ananasecken zuletzt unterheben und nochmals abschmecken.

TIPP

Asiatisch würziger wird es mit der Zugabe von etwas Fischsauce und zusätzlicher Chilisauce.

TIPP
Die Gemüsestreifen geben beim Braten Wasser ab. Es ist bei diesem Rezept nicht nötig, noch Gemüsebrühe hinzuzufügen.

SHRIMP-ZOODLES mit Tomaten

Für 2 Portionen

Zubereitungszeit: 30 Minuten

200 g geschälte rohe Garnelen

Saft von ½ Zitrone

Salz

schwarzer Pfeffer aus der Mühle

1 kleines Bund Basilikum

100 g kleine Strauchtomaten

1 Knoblauchzehe

1 kleine Zwiebel

500 g Zucchini

2 EL Olivenöl

Garnelen, Tomaten, Basilikum – das ist mediterraner Geschmack pur! Am besten aus dem Wok.

1. Die Garnelen waschen und mit Küchenpapier trocken tupfen. Mit Zitronensaft beträufeln und mit Salz und Pfeffer würzen. Das Basilikum waschen, trocken schütteln, die Blättchen abzupfen und quer in Streifen schneiden.
2. Die Strauchtomaten waschen und vierteln. Die Knoblauchzehe und die Zwiebel schälen und fein würfeln. Die Zucchini waschen, Stielenden entfernen und im Spiralschneider zu Zoodles schneiden.
3. In einem Wok, in einem Topf oder in einer großen Pfanne mit hohem Rand das Olivenöl erhitzen. Zwiebel- und Knoblauchwürfel einstreuen und beides kurz anbraten.
4. Garnelen und Tomaten hinzufügen und 1 Minute braten lassen. Die Zoodles einstreuen und alles vorsichtig vermischen. Je nach gewünschter Bissfestigkeit 4–5 Minuten braten. Abschmecken und Basilikumstreifen untermengen.

VEGETARISCH

ZOODLES mit rotem Pesto

Für 2 Portionen

Zubereitungszeit: 25 Minuten

1 kleines Bund Basilikum

100 g getrocknete Tomaten in Olivenöl

2 EL gehackte Mandeln

2 EL geriebenen Parmesan

100 g Sahne

2 Knoblauchzehen

500 g Zucchini

2 EL Olivenöl

Salz

schwarzer Pfeffer aus der Mühle

Das Pesto ist in diesem Rezept hausgemacht. Sollte mal keine Zeit dafür sein, kann auch ein fertiges rotes Pesto aus dem Glas verwendet werden.

1. Das Basilikum waschen, trocken schütteln, die Blättchen abzupfen und in Streifen schneiden. Die Tomaten etwas kleiner schneiden. Zusammen mit den Mandeln, dem Parmesan, der Sahne sowie der Hälfte Basilikum im Standmixer cremig pürieren.
2. Die Knoblauchzehen schälen und fein würfeln. Die Zucchini waschen, die Stielenden entfernen und im Spiralschneider zu Zoodles schneiden.
3. Das Olivenöl in einem breiten Topf erhitzen und darin die Knoblauchwürfel braten. Die Zucchinispiralen hinzufügen, mit Salz und Pfeffer würzen und einige Minuten garen lassen.
4. Sobald die Zoodles die gewünschte Bissfestigkeit haben, das Pesto unterrühren. Nochmals abschmecken und mit dem restlichen Basilikum garnieren.

GEBRATENES GEMÜSE mit Schinken

Für 2 Portionen

Zubereitungszeit:
30 Minuten

50 g Kochschinken

1 kleine Zwiebel

1 kleines Bund Petersilie

250 g Möhren

250 g Kartoffeln

2 EL Pflanzenöl

Salz

schwarzer Pfeffer aus der Mühle

je 1 Prise edelsüßes Paprikapulver und Rosenpaprika

Nach Belieben:

2 bis 3 EL Sahne

Ob nun im Wok, in der Pfanne oder im beschichteten Topf – diese One-Pot-Mahlzeit wird gebraten.

1. Den Schinken klein würfeln. Die Zwiebel schälen und in kleine Würfel schneiden. Die Petersilie waschen, trocken schütteln, die Blättchen abzupfen und fein hacken.
2. Das Gemüse waschen. Mit einem Sparschäler die Möhren sowie die Kartoffeln schälen. Möhren und Kartoffeln im Spiralschneider mit Kurbel zu Spiralen oder Spaghetti schneiden – oder die Kartoffeln mit dem Messer in Streifen schneiden.
3. Das Pflanzenöl in der Pfanne erhitzen und darin Schinken- und Zwiebelwürfel 1 Minute braten. Kartoffelstreifen einlegen und diese kräftig anbraten, erst dann die Möhrenstreifen hinzufügen.
4. Alles mit Salz, Pfeffer sowie den beiden Paprikasorten würzen. Einige Minuten braten, dabei auch den Pfanneninhalt schwenken. Kurz vor dem Servieren nach Belieben 2–3 Esslöffel Sahne und die Petersilie hinzufügen.

VARIANTE

Eine Mischung aus Möhren, Zucchini und Kartoffeln braten und diese mit 2 Esslöffeln grünem Pesto mischen und somit würzen.

Über die Autorin

Rose Marie Donhauser arbeitet seit 1988 als Food- und Reisejournalistin, Restauranttesterin und sehr erfolgreiche Kochbuchautorin. Viele Bücher erhielten Auszeichnungen, wie z. B. Silbermedaillen der Gastronomischen Akademie Deutschlands, Goldene Lorbeeren aus der Schweiz oder Gourmand World Cookbook Awards. Die gelernte Köchin, die in Berlin lebt, ist dem Genuss und auch der Gesundheit immer auf der Spur. Unterwegs auf Gourmetreisen in der ganzen Welt, holt sie sich Anregungen und setzt die Ideen in Rezeptentwicklungen um.

www.donhauser-essklasse.de